Jérôme Paul

> Hoe gaat het?

> Ça va bien. Merci !

Vijftig tweetalige gesprekjes om je Frans te oefenen.

© Jérôme Paul 2020

Editions du Bouche à Oreille

ISBN: 978-2-490654-09-3

Je spreekt Nederlands en je leert Frans

Als iedereen de taal van de ander kon begrijpen, zou het niet meer nodig zijn om vreemde talen te leren. Het zou de perfecte wereld zijn. Maar ja, dat is niet het geval. Aan de ene kant is het jammer. Aan de andere kant is het prima want je houdt het plezier om vreemde talen te leren.

Er zijn veel wegen om vreemde talen te leren, maar de beste manier om de taal van de ander te verwerven is : luisteren naar liedjes of gesprekken, kijken naar films, lezen van kranten, boeken, stripverhalen of teksten op internet… op voorwaarde dat je ten minste 80% van wat je leest, ziet of luistert, begrijpt.

Deze 50 tweetalige gesprekjes maken mogelijk dat je dagelijks Frans leest en dat je alles begrijpt dankzij de informatie uit het Nederlandse gedeelte. Als ik vraag « Tu habites où ? » en het antwoord is « Ik woon in Amsterdam. », begrijp je meteen de Franse vraag.

Als je je Frans wilt verbeteren, zelfs als je beginner bent, lees dan meerdere keren deze 50 tweetalige gesprekjes :

« Hoe gaat het? », « Ça va bien. Merci ! »

Veel lees- en leerplezier,
Jérôme Paul

1. Dag / Bonjour

> Dag! Ik heet Jeroen. En jij?

> Bonjour ! Moi, je m'appelle Paul.

> Ik heb je telefoonnummer via mijn docent Frans gekregen.

> Moi aussi. C'est mon professeur de Néerlandais qui m'a donné ton numéro de téléphone.

> Dus jij bent Paul.

> Oui, et toi, tu es Jeroen.

> Ja. Het lijkt me leuk om te appen.

> Oui, ce peut être sympathique. Tu habites où ?

> Ik woon in Arnhem. Weet je waar het is?

> Oui, je sais. C'est aux Pays-Bas.

> En jij, waar woon je?

> J'habite à Sedan. C'est en France.

> En waar in Frankrijk?

> Dans le nord-est, près de la frontière belge.

> Oh ja, ik weet het al! Het ligt in de Franse Ardennen.

> Oui, c'est exact. Tu es bon en géographie.

> Goed in aardrijkskunde? Niet echt, maar ik ga elk jaar op vakantie naar Frankrijk …

> Très bien…

2. **Broer en zus / Frère et soeur**

— Ja. Ik heb tien broers en vijftien zussen.

— Dix frères et quinze sœurs ! Ce n'est pas un peu beaucoup !

— Grapje!

— Alors, en fait, combien ?

— In feit… Ik heb een broer en een zus.

— Ils ont quel âge, ton frère et ta sœur ?

— Mijn broer is tien en mijn zus is vijftien.

— Donc un petit frère et une grande sœur.

— Ja. En jij? Heb je broers en zussen?

— J'ai aussi un frère et une sœur.

— Ook een kleine broer en een grote zus?

— Non. J'ai un grand frère. Il a seize ans. Et j'ai une petite sœur. Elle a neuf ans.

— Hoe heet je broer?

— Mon frère s'appelle Léo.

— Léo? Een beetje zoals mijn zus.

— Un peu comme ta sœur ?

— Ja. Mijn zus heet Léa.

— Léo et Léa. Ah oui !

— Ja! Léa en Léo.

— Et comment s'appelle ton frère ?

— Hij heet Dominique.

Dominique ? C'est le nom de ma sœur.

Echt waar? De naam van je zus!

Oui, c'est vrai ! Dominique, c'est un nom de garçon et de fille aussi.

Inderdaad, het is een jongensnaam, maar ook voor een meisjesnaam!

3. **Sport / Sport**

> Wat doe je voor sport?

> Je fais de la natation.

> Zwemmen! Leuk.

> Et toi, que fais-tu comme sport ?

> Ik doe hockey.

> Du hockey sur glace !

> Nee, geen ijshockey.

> Alors du hockey sur gazon ?

> Ja, op een veld.

> Tu fais un autre sport ?

> Een andere sport? Nee.

> Et le vélo ?

> Wielrennen? Nee.

> Mais tu fais du vélo tous les jours pour aller à l'école ?

> Ja, ik fiets elke dag naar school, maar dat is geen sport.

> Faire du vélo tous les jours, c'est du sport.

> Vind je?

> Oui, je trouve que c'est du sport. Pour aller à l'école, tu mets combien de minutes à vélo ?

> Ik doe er dertig minuten over.

> Trente minutes ! Donc par jour, ça fait aller-retour une heure.

> Een en terug, een uur. Ja.

> Cinq jours par semaine.

– Ja, van maandag tot en met vrijdag.

– Tu fais cinq heures de vélo par semaine.

– Dat klopt. En ook nog voor mijn hockey training en in het weekend.

– Donc avec tes entrainements de hockey, et avec le week-end, tu fais au moins six heures de vélo par semaine.

– Zes uur… Ja, misschien zelfs zeven uur per week.

– Sept heures par semaine. Pour moi, ça, c'est du sport.

4. Hou je van school? / Tu aimes l'école ?

> Hoi! Vind jij school leuk?

>> L'école ? J'aime plus ou moins.

> Hoezo min of meer?

>> Il y a des matières que j'aime et des matières que je n'aime pas.

> Van welke vakken hou je dan?

>> J'aime bien l'histoire.

> Alleen geschiedenis?

>> Non, j'aime bien aussi le néerlandais.

> Gelukkig! Je vindt Nederlands leuk! En wat vind je niet leuk?

> Je n'aime pas les maths.

> Oh! Ik vind wiskunde wel leuk.

> Ah bon ! Les maths, ce n'est pas drôle.

> Wat is niet grappig? Het vak of de docent?

> C'est vrai, je ne trouve pas le prof très sympathique.

> Dus, het is niet het vak, maar de leraar die je niet sympathiek vindt.

> Tu as peut-être raison.

> Ik heb altijd gelijk.

> Et toi, quelles matières trouves-tu chouettes ?

> Ik vind natuurlijk wiskunde leuk, ook Frans … en aardrijkskunde.

— Ah oui, la géographie, c'est très intéressant.

— Maar ik hou niet van geschiedenis.

— Tu n'aimes pas l'histoire ? C'est chouette, l'histoire !

— Nee, ik vind het saai.

— C'est la matière ou le prof que tu trouves ennuyeux ?

— De docent is streng.

— Ah tu vois. Le prof est sévère. Il n'est pas drôle. Il est ennuyeux.

— Dat is waar.

— Donc l'histoire, c'est chouette !

— Oké. Geschiedenis kan leuk zijn.

— Moi aussi, j'ai toujours raison.

5. Waar woon je? / Tu habites où ?

> Waar woon jij?

> Où j'habite ! Mais tu sais où j'habite !

> Ja, ik weet waar je woont. Je woont in Sedan.

> Oui, à Sedan.

> Maar ik wil weten of je in een huis met een tuin woont.

> Ah ! D'accord ! Non, je n'habite pas dans une maison avec un jardin.

> In een huis zonder tuin.

> Non, pas dans une maison sans jardin non plus.

> Ook niet. Dus in een flat.

— Oui, dans un appartement.

— Is je flat in een toren.

— Non, il n'est pas dans une tour, mais dans un immeuble de quatre étages.

— Oh, een gebouw van vier verdiepingen.

— Avec un grand balcon.

— En je balkon is je tuin.

— Exactement, le balcon, c'est notre jardin. Et toi, tu habites où ?

— Ik woon in Arnhem! Dat weet je!

— Bien sûr, je le sais. Alors, appartement ou maison ?

— Ik woon in een huis.

— Avec un jardin ?

— Ja, met een tuin.

— Un grand jardin certainement.

— Nee, mijn tuin is niet groot.

— Un petit jardin ?

— Ja, een klein tuintje.

— Un très petit jardin !

— Ja, heel klein.

— Petit, mais plus grand que mon balcon !

— Net iets groter dan je balkon …

> Juste plus grand !

> In Nederland zijn de tuinen altijd klein.

> Tu habites dans une maison mitoyenne ?

> Ja, in een rijtjeshuis. Dat is heel gewoon in Nederland.

> Ah, c'est très normal, les maisons mitoyennes aux Pays-Bas !

> Weet je wat je moet doen als je een grote tuin wilt hebben?

> Oui, je sais, tu dois aller habiter à la campagne.

> Precies! Dan moet je op het platteland gaan wonen.

6. Geen computer! / Pas d'ordinateur !

> Hoe ziet je slaapkamer eruit?

> Ma chambre ? Comment elle est ?

> Ja, groot, klein?

> Elle n'est pas petite, mais elle n'est pas grande non plus.

> Dus tussen groot en klein in.

> Oui, entre grand et petit.

> Een normale kamer.

> Oui, c'est maintenant une chambre normale.

> Hoezo nu?

> J'ai depuis cette année ma chambre à moi tout seul.

— Sinds dit jaar je eigen kamer!

— Oui, avant, je partageais ma chambre avec mon frère.

— Je deelde je kamer met je broer! Niet leuk. Of misschien was het soms toch leuk?

— Oui, parfois, c'était bien. Mais maintenant je suis content d'avoir ma propre chambre.

— Ik begrijp heel goed dat je nu blij bent met een eigen kamer.

— Et toi, tu as ta propre chambre ?

— Ja, ik heb altijd mijn eigen kamer gehad.

— Tu as une télévision dans ta chambre ?

- Nee, ik heb geen televisie in mijn kamer. En jij?
- Moi, non plus, je n'ai pas de télévision dans ma chambre. Je trouve ça dommage.
- Ik vind het ook jammer. Maar gelukkig heb ik mijn eigen computer in mijn kamer.
- Ton propre ordinateur dans ta chambre ! Tu as de la chance !
- Geluk? Nee, dat vind ik normaal.
- Mes parents ne trouvent pas ça normal.
- Je ouders niet? Dus je hebt geen computer?
- J'ai un ordinateur. Mais il n'est pas dans ma chambre.
- Je ouders zijn streng, zeg!

Ils sont sévères, mais seulement pour les ordinateurs.

Maar waarom alleen voor de computer?

Ils ont peur que je joue toutes les nuits sur mon ordinateur.

Met een computer in je kamer zou je elke nacht gamen?

Peut-être.

Misschien? Dan hebben je ouders reden om bang te zijn …

7. Welke kleur? / Quelle couleur ?

> Welke kleur heeft jouw kamer?

> La couleur de ma chambre ?

> Ja, de kleur van je kamer.

> Devine.

> Even raden. Roze.

> Ah ah ! Non, ma chambre n'est pas rose.

> Ik denk dat je kamer blauw is.

> Elle n'est pas bleue.

> Niet blauw?

> Non. Pourquoi ?

> De kamer van een jongen van 13 is vaak blauw.

> Eh bien non. Je suis un garçon de 13 ans, mais ma chambre n'est pas bleue.

> Rood.

> Pas rouge.

> Geef mij een hint.

> Tu veux un indice… Ma chambre n'a pas de couleur.

> Je kamer heeft geen kleur!

> Alors, tu devines ?

> Nee, ik raad het niet.

> Les murs de ma chambre sont blancs.

> De muren zijn wit. Nu begrijp ik het.

> Mais j'ai plein de posters sur les murs.

> Ik heb ook veel posters op de muren van mijn kamer, maar mijn kamer is niet wit.

> Et quelle est la couleur de ta chambre ?

> Even raden.

> Je devine : ta chambre est bleue.

> Ja, inderdaad. Blauw! Hoe wist je dat?

> Tu as dit : la chambre d'un garçon de 13 ans est souvent bleue.

> Maar ik wil nu een andere kleur voor mijn kamer.

> Et tu veux quelle couleur pour ta chambre ?

> Ik wil nu een groene kamer.

> Une chambre verte !

> Maar ik heb nu een probleem.

> C'est quoi ton problème ?

> Er is veel te doen voordat ik mijn kamer kan verven.

> Qu'est-ce que tu dois faire avant de peindre ta chambre ?

> Ik moet hem eerst opruimen.

> Je dois aussi ranger ma chambre ! Et moi, je ne veux pas peindre ma chambre en vert.

8. Mijn ouders / Mes parents

- Hoi Paul.
- Salut, Jeroen.
- En je ouders?
- Quoi mes parents ?
- We hebben nog niet over onze ouders gepraat.
- C'est vrai, on n'a pas encore parlé de nos parents.
- Hoe heet je vader?
- Mon père s'appelle Jean. Comment s'appelle ton père ?
- Mijn vader heet Jan.
- Jan, c'est la traduction de Jean !

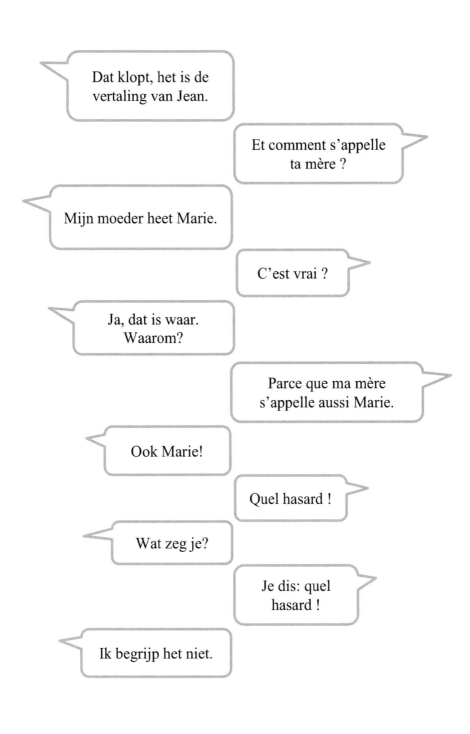

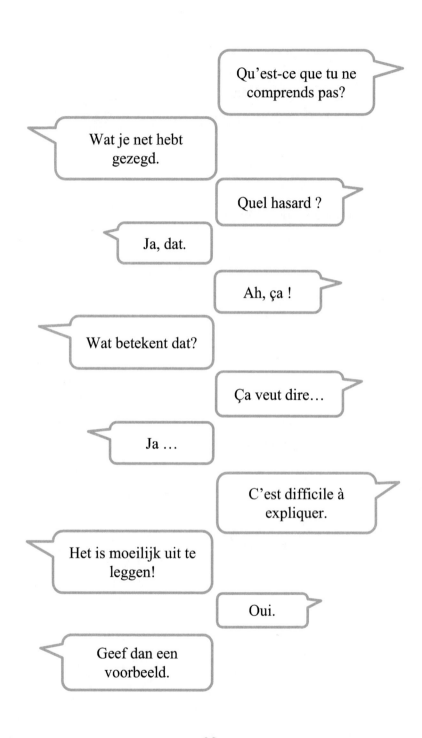

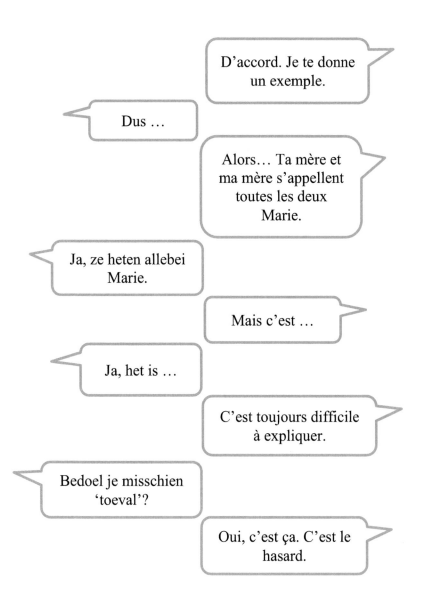

9. Wat doet je vader? / Qu'est-ce que fait ton père ?

> Wat doet je vader eigenlijk?

> Qu'est-ce que fait mon père ? En ce moment ou quel est son métier ?

> Nee, niet nu. Wat is zijn beroep?

> Il est prof d'histoire.

> Geschiedenisleraar! Dat is leuk!

> C'est très chouette.

> Want je vindt geschiedenis leuk op school.

> Oui, c'est ma matière préférée.

> Geschiedenis is wel leuk, maar het is niet mijn lievelingsvak.

> Mais en vacances, mon père continue à travailler.

> Je vader heeft nooit vakantie?

> Si, mais en vacances, il raconte toujours quelque chose sur l'histoire d'une ville ou d'un

> Ik zou het heel leuk vinden als mijn vader iets kon vertellen over de geschiedenis van een stad of van een kasteel.

> Oui, c'est bien. Mais parfois, c'est trop long.

> Soms te lang? Een goed verhaal is nooit te lang.

> Et toi, quel est le métier de ton père ?

> Het beroep van mijn vader is rechercheur.

> Il est chercheur !

> Nee, niet onderzoeker, maar rechercheur.

> Ah, il est enquêteur ! Il travaille dans la police !

> Ja, hij werkt bij de politie.

> C'est super !

> Ja, maar soms …

> Oui, parfois ?

> Soms heb ik het idee dat hij ook thuis werkt.

> Il travaille à la maison ?

> Ja, als je snoep of chips gaat pikken in de keukenkast …

> Tu voles des bonbons et des chips dans l'armoire de la cuisine… Ce n'est pas bien !

> Stop even.

> D'accord, j'arrête. Alors ton père…

> Ja, dan doet mijn vader zijn werk thuis en hij vindt de dief altijd.

> Et le voleur, c'est toi !

> Soms heeft mijn broer of mijn zus het gedaan.

> Et parfois, ton frère, ta soeur et toi, ensemble.

> Ja, samen zijn wij de chipsdieven.

10. Een mooi beroep / Un beau métier

> Et que fait ta mère comme métier ?

> Mijn moeders beroep is bibliothecaris.

> Elle est bibliothécaire : elle aime donc beaucoup les livres.

> Ze houdt inderdaad veel van boeken.

> Ma mère est infirmière.

> Verpleegkundige in een ziekenhuis?

> Oui, dans un hôpital. Et plus précisément dans les salles d'opération.

> In de operatiekamer? Ze is dus niet bang voor bloed.

> Ça, c'est vrai. Il n'a pas peur du sang.

— Verpleegkundige is een mooi beroep.

— Un beau métier, oui, mais qui prend beaucoup de temps.

— Hoe bedoel je 'veel tijd in beslag neemt'?

— Elle travaille cinq jours par semaine.

— Vijf dagen per week. Dat is toch normaal?

— Oui, c'est normal. Ce qui n'est pas normal, c'est qu'elle travaille aussi parfois le weekend.

— Dat is waar, in het weekend werken is niet normaal.

— Et parfois, elle travaille la nuit.

— 's Nachts werken? Maar dat zou ik niet kunnen.

> Moi non plus je ne pourrais pas travailler la nuit.

's Nachts is om te slapen.

> Pour dormir ou pour lire en cachette.

Stiekem lezen? Ben je gek?

> Non, je ne suis pas fou. C'est super de lire très tard, la nuit.

Wat ik doe, heel laat, is muziek luisteren.

> Ta mère doit avoir des horaires plus tranquilles.

Ja, haar werktijden zijn wat rustiger. En ze werkt maar drie dagen per week.

> Trois jours par semaine, ça c'est bien.

> Het is goed, behalve als ze op zaterdag moet werken.

> Devoir travailler le samedi, ce devrait être interdit.

> Ja, het zou verboden moeten zijn.

> Et tu sais ce qui devrait être complétement interdit ?

> Ja, ik weet het: werken zou helemaal verboden moeten zijn.

11. Ze zijn vervelend / Ils sont embêtants

Zijn je broer en zus aardig?

Mon frère et ma sœur sont gentils,

Maar wat?

Mais parfois ils sont un peu énervants.

Soms een beetje irritant of heel erg

Oui, parfois très énervants.

Bijvoorbeeld?

Par exemple ma petite sœur…

Je zusje, Dominique?

> Oui, Dominique…

> Ze is tien.

> Non, elle a neuf ans.

> Oké, negen. En?

> Eh bien, elle veut toujours jouer avec moi avec ses poupées.

> Aha! En je wilt niet met haar poppen spelen?

> Evidemment non ! Toi, tu as de la chance avec ton petit frère.

> Waarom heb ik geluk met mijn broertje?

— Parce qu'il ne t'embête pas avec des poupées.

— Nee, gelukkig valt hij me niet met poppen lastig, maar wel met autootjes.

— Avec des petites voitures. C'est mieux que les poupées.

— Klopt, maar ik speel al lang niet meer met autootjes.

— D'accord. Et ta grande sœur Lea ? Elle est embêtante ?

— Mijn grote zus is heel erg irritant.

— Pourquoi ?

— Waarom? Omdat ze vijftien is.

— Parce qu'elle a quinze ans ! Je ne comprends pas.

> Ze denkt dat ze alles weet en alles kan.

> C'est comme mon frère Léo. Il pense qu'il sait tout et qu'il peut tout faire.

> Hoe oud is hij ook alweer?

> Il a seize ans.

> Zestien. Wil hij altijd de baas zijn?

> Ah oui ! Il veut toujours être le chef.

> Zoals mijn grote zus.

> Comme ta grande sœur !

> Maar weet je? Ze zijn irritant, maar ik vind ze ook leuk, mijn broer en mijn zus.

> Moi aussi, je les aime bien, ma sœur et mon frère.

12. Honden en katten / Chiens et chats

> Tu as un chien ?

> Nee, ik heb geen hond. Maar wij hebben twee katten.

> Comment s'appellent tes deux chats ?

> Mijn katten heten Kiki en Koko.

> Les noms sont drôles.

> Ja, die zijn grappig. En jij, heb je een huisdier?

> Non. Nous n'avons pas d'animal domestique.

> Hou je niet van dieren?

> J'aime beaucoup les animaux.

— Houden je ouders niet van dieren?

— Ils adorent les animaux.

— Maar als je ouders dol op dieren zijn, waarom hebben jullie dan geen huisdier.

— Mon frère est allergique aux chats et aux chiens.

— Als je broer allergisch is voor katten en honden, kunnen jullie een vis nemen.

— Un poisson ! Non, c'est nul.

— Dat is waar, een vis, dat is stom.

— Plus tard, je veux avoir un chien.

— Later, een hond … Ja, maar dat is pas over tien jaar.

> Pas dix ans. Avant. Dans cinq ans peut-être.

> Hoezo over vijf jaar?

> Mon frère a seize ans.

> Ik weet dat je broer zestien is.

> Dans cinq ans, mon frère a vingt-et-un ans.

> Ja, 21. En dan?

> Et alors, il va faire des études, loin de la maison.

> Ver van huis studeren?

> Oui, à Paris peut-être.

> En dan?

> Et alors, à la maison, plus personne sera allergique aux chiens.

> Niemand meer allergisch, oké, maar wat zou je in het weekend moeten doen als je broer thuiskomt?

> Je ne sais pas.

> Je kunt je hond naar Parijs sturen voor het weekend.

> Envoyer mon chien à Paris pour le week-end… Très drôle !

> Ja, heel grappig.

13. Een goede sfeer / Une bonne ambiance

> Is jouw school een kleine school?

> Non, mon école n'est pas petite. C'est une grande école.

> Een grote school? Met hoeveel leerlingen?

> Il y a mille élèves.

> Duizend leerlingen! Dat is veel!

> Oui, c'est beaucoup. Et ton école, c'est une grande école ?

> Nee, mijn school is niet groot.

> Une petite école alors ?

> Ja, mijn school is klein.

> Combien d'élèves ?

> 400 leerlingen.

> Quatre cents élèves ! C'est vraiment une petite école !

> Ja, echt een kleine school. Dat vind ik leuk.

> Oui, une petite école, c'est chouette. Tout le monde se connait.

> Ja, iedereen kent elkaar.

> Et les profs ?

> De docenten? Ze kennen de namen van alle leerlingen.

> Ils connaissent vraiment le nom de tous les élèves ?

> Bijna allemaal.

> Presque ! C'est quand même bien.

> Ja, dat is toch goed.

> Parce que dans mon école, c'est impossible. Il y a trop de personnes.

> Met duizend leerlingen is het natuurlijk onmogelijk.

> Mon école, c'est un peu une usine.

> Een beetje een fabriek? O, een leerfabriek.

> Oui, une usine. Ce n'est pas très sympathique.

- Nee, een fabriek is niet gezellig.
- Heureusement, ma classe est sympathique.
- Gelukkig dat je klas gezellig is.
- Oui, il y a une bonne ambiance.
- Ja, een goede sfeer is belangrijk.
- Bien sûr, c'est important.
- En de docenten?
- Les professeurs sont assez gentils.
- Best oké. Het is dus toch een leuke fabriek!
- Oui, d'accord ! Mon école est quand même une usine sympathique.

14. Wandelingen / Promenades

> Hou je van wandelen?

> Non, je n'aime pas faire des randonnées.

> Echt niet?

> Non, vraiment pas. Je déteste les promenades.

> Maar waarom heb je een hekel aan wandelingen?

> Parce qu'il faut marcher.

> Maar je loopt elke dag!

> Oui, je marche tous les jours. Alors je ne veux pas encore marcher le dimanche.

> Ik vind het wel leuk om op zondag in de natuur te lopen.

> Je préfère faire du vélo dans la nature.

> Fietsen in de natuur?

> Oui, du VTT… du Vélo Tout Terrain.

> Ah, mountainbiken!

> Et toi, tu aimes le VTT ?

> Ja, ik vind mountainbiken wel leuk, maar…

> C'est chouette, mais quoi ?

> Maar ik fiets elke dag al naar school.

> Oui, je sais, tu fais du vélo tous les jours pour aller à l'école. Alors…

> Dus op zondag vind ik het leuker om te gaan wandelen.

> Et le dimanche, tu fais les promenades tout seul.

> Nee, niet alleen.

> Avec qui alors ?

> Met mijn ouders.

> Avec tes parents ! Ce n'est pas un peu ennuyant ?

> Nee joh, het is nooit vervelend.

> Et pourquoi ?

- Omdat we altijd een nieuwe route uitzoeken.
- Qui organise la promenade ?
- Mijn vader organiseert de wandelingen.
- Jamais ta mère ?
- Nee, nooit mijn moeder.
- Et toi ?
- Ik organiseer af en toe een wandeling.
- De temps en temps.
- En jij, met je mountainbike?
- Je fais du VTT tout seul.
- Alleen! Dat vind ik saai.

15. Muziekinstrument / Instrument de musique

> Est-ce que tu joues d'un instrument ?

> Speel ik een instrument? Bedoel je een muziekinstrument

> Oui, je veux dire : est-ce que tu joues d'un instrument de musique ?

> Ja, ik speel gitaar.

> Ah, la guitare ! Super !

> Ja, leuk hè.

> Tu joues de la guitare depuis longtemps ?

> Nee, pas drie weken.

> Depuis trois semaines. Tu es donc un débutant.

> Ja, ik ben een beginner.

> Tu as des cours de guitare ?

> Nee, ik heb geen gitaarles.

> Comment fais-tu alors ?

> Hoe ik het doe? Ik leer het mezelf, met video's op internet.

> On trouve des cours de guitare sur internet ! Je ne savais pas.

> Wist je dat niet? Je vindt alles op internet.

> Effectivement, on trouve tout sur internet.

> Ik wil ook in een band spelen.

> Tu veux aussi jouer dans un groupe ! Mais tu es débutant.

> Dat maakt mij niet uit.

> Tu ne trouves pas ça un problème !

> Nee. En jij, speel jij een instrument?

> Oui, je fais du piano.

> Oh, je speelt piano. Mooi instrument!

> Oui, c'est un bel instrument.

> Speel je al lang.

> Oui, depuis longtemps.

— Hoeveel maanden?

— Je ne compte pas en mois.

— In jaren?

— Oui, ça fait huit ans que je fais du piano.

— Acht jaar! Dan ben je geen beginner meer.

— Non, je ne suis pas un débutant.

16. Verjaardag / Anniversaire

> Wanneer ben je eigenlijk jarig?

> Mon anniversaire, c'est le dix-sept avril. Et toi ?

> Mijn verjaardag is 14 juli.

> Le quatorze juillet ! C'est la fête nationale en France. C'est chouette !

> Ja, het is leuk dat ik op jullie nationale feestdag jarig ben. Vooral als ik in Frankrijk ben.

> Oui, surtout si tu es en France. C'est quand la fête nationale aux Pays-Bas ?

> De nationale feestdag in Nederland, dat is op 27 april.

> Le vingt-sept avril. Au printemps.

> Ja, in de lente.

> J'aime bien le printemps.

> En waarom hou je van de lente?

> Parce que le temps devient meilleur.

> Omdat het weer beter wordt? Maar het is nog best koud.

> Oui, c'est vrai, il fait encore un peu froid. Mais moins froid qu'en hiver.

> Ja, zeker. Minder koud dan in de winter.

> Quelle est ta saison préférée ?

> Mijn lievelingsseizoen is de zomer.

> Et pourquoi l'été ?

> Omdat ik in de zomer jarig ben.

> Seulement parce que tu as ton anniversaire en été ?

> Nee, vooral omdat het weer in de zomer zo lekker is.

> J'aime aussi beaucoup l'été, car effectivement le temps est plus agréable.

> En hou je van de herfst?

> Oh, j'aime bien l'automne.

> Waarom dan?

> Parce que la nature a de belles couleurs.

> De natuur, mooie kleuren? Maar het regent in de herfst!

> Pas toujours.

> Niet altijd. Wel te vaak.

> Pas trop souvent. Mais c'est vrai, il pleut un peu.

> Niet alleen een beetje.

> Et tu aimes l'hiver ?

> Ik hou van winter als ik kan schaatsen.

> Seulement si tu peux faire du patin à glace ?

> Alleen als ik kan schaatsen!

17. Pannenkoeken / Les crêpes

> Mjam ! Ik heb net gegeten.

> C'était bon ?

> Ja, het was super lekker. Maar ik heb echt genoeg gehad.

> Qu'est-ce que tu as mangé ?

> Ik heb pannenkoeken gegeten. Ik ben dol op pannenkoeken!

> J'adore aussi les crêpes. Tu as mangé combien de crêpes ?

> Tien.

> Dix ? Ce n'est pas un peu beaucoup ?

> Het is inderdaad veel. Te veel.

> Qu'est-ce que tu mets sur tes crêpes ?

< Ik doe jam en slagroom op mijn pannenkoeken.

> Confiture et chantilly sur une crêpe ?

< Ja, echt lekker.

> Je ne sais pas.

< En jij? Hoe eet je je pannenkoeken?

> Tout simplement. Avec du sucre.

< Alleen suiker?

> Oui. Ou avec de la confiture.

< En jij, wat heb je vanavond gegeten?

> Je n'ai pas encore mangé.

> Nog niet gegeten?

> Non, en France, on mange plus tard.

> Later! Hoe laat eten jullie dus?

> Vers sept heures du soir. Sept heures et demie parfois.

> Zeven uur of half acht, dat is laat! En wat gaan jullie vanavond eten?

> Ce soir, on mange une soupe.

> Soep, oh lekker!

> Mais pour le dessert, mon père a fait un gâteau au chocolat.

> Lekkere toetje! Ik ben dol op chocoladetaart!

> Avec de la glace à la vanille, c'est super.

> Ja, met vanille ijs! Ik begin alweer trek te krijgen.

> Déjà ? Mais tu as déjà mangé dix crêpes.

> Ja, al…tien pannenkoeken…

> C'est vrai que pour un gâteau au chocolat, on a toujours faim.

> Precies. In chocoladetaart heb je altijd trek.

18. Voetbal / Football

> Wat doe je vanavond?

> Ce soir ? Rien.

> Niets! Ga je niet naar de wedstrijd kijken?

> Le match ? A la télévision ?

> Natuurlijk!

> Le match de quoi ?

> De voetbalwedstrijd!

> Ah le foot, non !

> Hou je niet van voetbal?

> Non. Je n'aime pas du tout le foot.

> Helemaal niet?

> Pas du tout.

> Maar vanavond is het een belangrijke wedstrijd.

> Un match de foot, ce n'est pas important pour moi.

> Voor mij is het wel belangrijk. En weet je wie vanavond speelt?

> Non, je ne sais pas qui joue ce soir.

> Nederland tegen Frankrijk.

> La France contre les Pays-Bas ? Et c'est pour la coupe du monde ?

> Nee, het is niet voor het Wereldkampioenschap. Het is voor het Europees

> Ah, c'est chouette !

> Leuk ? Nee, het is fantastisch!

> Fantastique… Il ne faut pas exagérer.

> Ik overdrijf niet. Het is echt gek.

> C'est toi qui es fou.

19. Veel huiswerk / Beaucoup de devoirs

Hoi, heb je veel huiswerk vandaag?

Salut. Beaucoup de devoirs ? Je ne sais pas.

Weet je het niet! Kijk dan in je agenda.

Oui, c'est une bonne idée. Je regarde tout de suite.

En?

Oh la la !

Wat is er?

Qu'est-ce qu'il y a ? Il y a que…

> Je hebt veel huiswerk.

> Non, je n'ai pas de devoirs pour demain. Oh la la !

> Geen huiswerk voor morgen? Maar wat is dan het probleem?

> Le problème, c'est que j'ai oublié… Oh la la !

> Wat ben je vergeten?

> J'ai oublié de rendre mon dossier de lecture au prof de français.

> Je hebt je leesdossier niet ingeleverd? Dat is toch niet zo erg!

> Si, c'est grave.

— Je kunt het toch morgen inleveren.

— Non, demain ce n'est plus possible.

— Waarom niet?

— Parce que ce matin, c'était la date limite.

— Oh, vanochtend was de deadline! En je bent nog niet klaar met je leesdossier.

— Si, je l'ai fini.

— Maar waarom heb je het vandaag niet ingeleverd?

— Je n'ai pas rendu mon dossier de lecture parce que j'étais malade.

— Omdat je ziek was!

> Je suis toujours malade.

> Maar als je nog steeds ziek bent, dan ben je niet op school geweest.

> Non, je ne suis évidemment pas allé à l'école.

> Dan heb je een goede reden.

> En fait, oui. Tu as raison.

> Ik heb altijd gelijk.

20. Een probleem / Un problème

Ça va ?

Nee, het gaat niet.

Pourquoi ?

Omdat ik een serieus probleem heb.

Un problème sérieux ! ... Peut-être avec un téléphone portable ?

Niet misschien. Met een mobiel inderdaad.

Tu as perdu ton téléphone portable !

Nee, ik ben hem niet kwijtgeraakt.

> Ton portable est cassé.

> Niet kapot. Mijn docent wiskunde heeft hem tijdens de les afgepakt.

> Ah bon ! Et à qui as-tu téléphoné pendant le cours de mathématiques ?

> Ik heb niemand gebeld.

> Qu'est-ce que tu faisais ?

> Ik was aan het spelen.

> Quel jeu ?

> Het was een sudoku.

> Mais un sudoku, c'est des maths !

Mijn docent wiskunde vindt van niet.

Dommage !

Ja, jammer.

Mais dis-moi… Si tu n'as plus ton téléphone portable… comment peux-tu maintenant m'écrire des SMS ?

Ik kan sms'jes sturen met mijn mobiel, want de docent heeft míjn mobiel niet afgepakt.

Alors c'était le portable de qui ?

Het was zijn eigen mobiel.

Oh ! C'est très dangereux.

Ja ! Heel gevaarlijk.

21 Groen / Vert

> Weet je wat een jongen op school gisteren heeft gedaan?

> Non, je ne sais pas ce qu'un garçon a fait hier à ton école.

> Hij kwam op school met groene schoenen en een groene broek.

> Il est allé à l'école avec des chaussures vertes et un pantalon vert. Bizarre.

> Klopt! En weet je wat hij vandaag aanhad?

> Non, je ne sais pas ce qu'il avait aujourd'hui.

> Vandaag had hij ook een groen T-shirt aan.

> Aujourd'hui, il avait aussi un t-shirt vert. C'est drôle !

> Ja, het is grappig. En weet jij wat hij morgen gaat doen?

> Non.

> Het is makkelijk. Kun je het niet raden?

> Facile ! Comment veux-tu que je devine ?

> Ja, heel makkelijk.

> Très facile ! Non. Donne-moi un indice.

> Een hint … Wacht even …

> J'attends.

– Het is logisch.

– C'est logique… Des cheveux verts ?

– Heel goed!

– Il est fou !

– Ja, hij is gek, maar het was grappig.

– Ça, c'est vrai, fou et drôle.

– Ga jij morgen ook je haar groen verven?

– Non, je ne suis pas fou.

– Dan ben je niet grappig.

> Peut-être pas drôle, mais surtout pas fou.

> Nee, helemaal niet grappig …

> Merci bien !

> … maar wel sympathiek.

22. Veel sterkte / Bon courage

> Hoe gaat het vandaag?

> Je stresse un peu.

> Waarom stress je?

> Demain, j'ai un examen.

> Morgen! Voor welke vak?

> Devine.

> Raden?

> Tu veux un indice ?

> Ja, geef me een hint.

> Tu es très bon dans cette matière.

> Goed in dat vak!

> Oui, très très bon.

> Wiskunde?

> Non, ce n'est pas les maths.

> Tekenen?

> Non, pas le dessin.

> Ik weet het niet.

> Tu ne sais pas ? Mais c'est facile.

> Makkelijk? Nee. Geef me een andere hint.

> Un autre indice… Je suis débutant…

> Je bent een beginner…

> … mais toi, tu n'es pas un débutant.

> … maar ik ben geen beginner.

> Tu as même beaucoup d'expérience.

> Ik heb zelfs veel ervaring.

> Tu as trouvé ?

> Ik heb het geraden: Nederlands.

> Oui, c'est le néerlandais.

> Maar je bent goed in Nederlands.

> Je sais un peu lire le néerlandais.

> Dus je hoeft niet te stressen.

> Si, car c'est un examen oral.

> Oh, een mondelinge toets. Ja, inderdaad…

> Oui, en effet…

> Succes.

> Merci.

23. Opgelucht / Soulagé

> En? Je toets?

> Quel test ?

> Welke toets? Je mondelinge toets Nederlands.

> Oh, l'oral de néerlandais.

> Hoe ging het?

> Ça s'est bien passé.

> Heb je je cijfer al?

> Oui. C'est une bonne note. Dix-huit sur vingt.

— 18 op 20... Dus een negen. Heel goed.

— Oui, je suis content.

— Natuurlijk mag je blij zijn. Wat hebben ze gevraagd?

— On m'a demandé comment je m'appelle, quel âge j'ai, où j'habite...

— Je naam, je leeftijd, waar je woont... het is voor de beginners!

— Oui, mais à l'oral, je suis un débutant.

— En wanneer heb je een leestoets voor Nederlands?

> J'ai demain un test de lecture pour le néerlandais.

> Ben je er bang voor?

> Peur ? Non. Je me débrouille assez bien pour la lecture du néerlandais.

> Ja, je redt het wel.

> Grâce à toi.

> Dankzij mij… Graag gedaan.

24. Muziek / Musique

> Dag Paul. Ik wil je iets vragen.

> Bonjour Jeroen. Qu'est-ce que tu veux me demander ?

> Ik wil mijn Frans verbeteren door Franse muziek te luisteren.

> Très bien. Et donc tu veux savoir ce que tu peux écouter comme musique ?

> Ja. Muziek met tekst, natuurlijk.

> Naturellement avec des textes en français !

> Ik wil weten wat leuk is.

> Ce qui est chouette ? C'est difficile.

> Nee, dat is vast niet moeilijk.

> Pas difficile ? Il y a des centaines de groupes français.

> Ik wil geen honderd groepen, één is genoeg.

> C'est donc très difficile.

> Nee, het is niet heel moeilijk. Ik wil weten naar welke muziek jij luistert?

> D'accord. J'écoute le groupe Métro.

> Is die goed?

> Bien sûr que c'est bien.

> Wat voor muziek is het?

> C'est un mélange de pop, de rock, mais aussi de jazz. C'est super.

> En hoe heet de groep ook alweer?

> Le groupe s'appelle Métro.

> Ik ga kijken op internet.

> Pas de problème. Tu peux trouver toutes les vidéos de Métro sur internet.

> Dank je wel.

> De rien. Et toi, qu'est-ce que tu écoutes ?

> Wil je je Nederlands verbeteren?

> Bien sûr que oui, je veux améliorer mon néerlandais.

> Dan moet je naar De Brug luisteren.

> Qu'est-ce que c'est De Brug?

> Het is een Nederlandse popgroep.

> Ils chantent en néerlandais.

> Ja, ze zingen alleen in het Nederlands.

> Qu'est-ce que c'est comme musique ?

> Het is een mengsel van pop, rock en rap.

> Comment s'appelle le groupe déjà ?

> De groep heet De Brug. Je kunt ze op internet vinden.

> Je vais regarder. Merci.

> Geen dank.

25. Dag na een feest / Lendemain de fête

- Hoi! Hoe gaat het vandaag?
- Salut. Ça ne va pas très bien aujourd'hui.
- Waarom?
- Pourquoi ?... Parce que…
- Omdat?
- Parce que je n'ai pas beaucoup dormi.
- En waarom heb je niet veel geslapen?
- Parce que je me suis couché très tard.
- Aha! En waarom ben je laat naar bed gegaan?

> Hier, il y avait la fête de l'école.

> Gister! Super. Ik hou van schoolfeesten.

> Moi aussi j'aime les fêtes d'école.

> En hoe laat was je thuis na het feest?

> Après la fête… très tard.

> Maar hoe laat is laat?

> Minuit.

> Middernacht!

> Euh… Minuit et demi…

> Zo vroeg!

> Ce n'est pas tôt ! C'est tard, minuit et demi !

> Voor mij is half een 's nachts vrij vroeg.

> Et à quelle heure rentres-tu chez toi après une fête ?

> Na een schoolfeest ga ik rond drie uur 's nachts naar huis.

> Vers trois heures du matin ! Je ne te crois pas.

> Geloof je me niet?

> Non. Les fêtes d'école ne finissent pas aussi tard.

> Eh … je hebt gelijk. Onze schoolfeesten eindigen rond 2 uur.

> Vers deux heures ! Tu es sûr ?

> Ja, zeker.

> Deux heures. Tu veux dire une heure du matin.

> Oké, rond een uur 's nachts. Maar…

> Oui ? Mais ?

> Maar de dag erna ben ik nooit moe.

> D'accord, le jour d'après tu te lèves à sept heures !

> Nee, ik sta niet om 7 uur op, maar om 12 uur.

> A midi. Juste pour le déjeuner.

> Ja, op tijd voor de lunch. Handig, hé!

> Oui, c'est pratique.

26. Ik ben verliefd / *Je suis amoureux*

> Jeroen. J'ai quelque chose d'important à te dire.

> Iets belangrijks te zeggen? Wat dan?

> Je suis amoureux.

> Op wie ben je verliefd?

> Elle s'appelle Julie.

> Mooie naam.

> Oui, un joli nom.

> En is het een mooi meisje?

> Naturellement, une très jolie fille.

- Waar heb je haar ontmoet?
- Je ne l'ai pas encore rencontrée.
- Dat snap ik niet.
- Je l'ai seulement vue.
- Alleen gezien.
- Oui, seulement vue.
- Oh, ingewikkeld verhaal!
- Oui, une histoire compliquée.
- Waar heb je haar gezien.
- Je l'ai vue à l'école.

- Een meisje uit je klas?
- Non, elle n'est pas dans ma classe.
- Heb je haar al gesproken?
- Je ne lui ai pas encore parlée.
- Nog niet! Kent ze je wel?
- Elle sait qui je suis.
- Dus ze kent je wel.
- Plus ou moins.
- Hoezo min of meer?
- Je suis le copain du frère de sa copine.

> Je bent de vriend van de broer van haar vriendin. Ingewikkeld!

> Et je suis amoureux.

> Ja, dat weet ik. En zij, is ze ook verliefd?

> C'est ça le problème. Je ne sais pas si elle est amoureuse de moi.

> Als je het niet weet, moet je wel iets doen.

> Qu'est-ce que je dois faire ?

> Je kunt het tegen haar zeggen.

> Lui dire moi-même ? Non, je ne peux pas.

> En waarom kun je dat niet.

> Je suis timide.

> Verlegen?

> Très timide.

> Vraag aan de vriend van de broer van haar vriendin om het te zeggen.

> Bonne idée!

27. Nog erger / Encore plus grave

> Et toi, Jeroen, tu es amoureux ?

> Nee, ik ben niet verliefd.

> Tu ne trouves pas ça dommage ?

> Ik vind het helemaal niet

> Pas du tout ?

> Echt niet.

> Mais c'est grave !

> Wel nee. Het is niet erg.

> Ne pas être amoureux, c'est

> Er zijn ergere dingen.

> Qu'est-ce qui est encore plus grave ?

> Als drie meisjes verliefd op je zijn.

> Il y a trois filles qui sont amoureuses de toi ?

> Ja, dat is pas erg.

> Mais non ce n'est pas grave. C'est chouette !

> Dat is niet leuk. Drie tegelijk!

> Trois en même temps, mais c'est fantastique.

> Het is een hel!

> Mais non, ce n'est pas l'enfer, c'est le paradis.

> Het is het paradijs niet.

> Tu peux choisir la fille la plus belle.

> Het mooiste meisje kiezen? Dat kan niet.

> Et pourquoi pas?

> Ik vind ze alle drie niet mooi.

> Tu exagères.

> Ik overdrijf niet. Ze zijn alle drie blond.

> J'aime bien les filles blondes.

> Ik hou niet van blonde meisjes.

> Tu préfères les brunes ?

> Nee, ik vind rood haar veel leuker.

> Ah, tu aimes les rousses.

— Ja. En er zijn geen meisjes met rode haren op school.

— Il n'y a vraiment pas une seule fille rousse dans ton école ?

— Geen enkel.

— Aucune ! C'est une catastrophe !

— Je moet niet overdrijven.

— Mais je n'exagère pas. C'est grave.

— Nee! Als je niet verliefd bent, heb je meer tijd om te gamen.

— Ça, c'est vrai. Depuis que je suis amoureux, je n'ai plus le temps pour les jeux vidéo.

28. Niets / Rien

> Hoi, wat heb je vandaag gedaan?

> Aujourd'hui, je n'ai rien fait.

> Niets gedaan?

> Non, rien du tout.

> Helemaal niets. Dat kan niet.

> C'est possible. Tu veux que je te raconte ?

> Wat kun je me vertellen als je niets hebt gedaan?

> Je peux te raconter tout ce que je n'ai pas fait.

> Vertellen wat je niet hebt gedaan … Je bent gek!

> D'accord, je suis un peu fou.

> Niet een beetje, maar heel erg gek!

> Et toi, qu'est-ce que tu as fait auiourd'hui ?

> Ik heb te veel dingen gedaan.

> Trop de choses !

> Ik ben naar school geweest.

> Tu es allé à l'école. Moi aussi.

> Jij ook? Daarna heb ik mijn huiswerk gemaakt.

> J'ai aussi fait mes devoirs.

> Jij ook dus … Daarna heb ik gekookt. Dat vind ik leuk. Ik heb een pizza gemaakt.

> Moi, je suis allé faire des courses.

> Boodschappen gedaan ?

> Oui, j'ai acheté une pizza.

> Ik maak een pizza, jij koopt een pizza.

> Tu fais une pizza, j'achète une pizza. L'important, c'est la pizza.

> Dat is waar, het belangrijkste is dat je je pizza lekker vindt.

> C'est vrai, et toi et moi, nous aimons la pizza.

> Maar eigenlijk heb je dus best veel dingen gedaan.

> Ce n'est pas beaucoup de choses. C'est rien.

> Niets?

> C'est rien, parce que ce n'est pas extraordinaire.

> Het is inderdaad niet bijzonder.

> Alors, pour moi, je n'ai rien fait.

> Dus ik heb ook niets gedaan vandaag?

> Non, tu n'as rien fait.

> Bedankt!

> De rien.

29. Vanavond / Ce soir

- Ik ben dol op weekend.
- Moi aussi, j'adore les week-ends.
- Wat ga je vanavond doen?
- Ce soir, ce que je fais… C'est quel jour aujourd'hui ?
- Vandaag is het zaterdag.
- Ah oui, samedi. Je vais au cinéma.
- Je gaat naar de bioscoop! Leuk!
- Oui, j'aime beaucoup aller au cinéma.

- Ik vind het ook leuk om naar de bioscoop te gaan, maar het is wel duur.

- Oui, c'est cher. C'est vrai.

- Ik kijk vaak films op dvd.

- Ah, un dvd, c'est bien, mais c'est cher aussi !

- Duur! Nee hoor, valt wel mee.

- Trois fois plus cher qu'un ticket de cinéma.

- Dat is waar: drie keer duurder dan een kaartje voor de bioscoop, maar…

- Mais ?

- Maar met een dvd, kun je met je vrienden naar een film kiiken.

> C'est vrai, tu peux regarder un film avec tes amis.

> Dus…

> Donc ?

> Dus met een groep van vijf vrienden is een dvd goedkoop.

> D'accord, c'est bon marché, mais seulement avec un groupe de cinq amis.

> Met z'n drieën is het even duur, maar toch voordelig.

> A trois ! Aussi cher, d'accord ! Mais avantageux ?

> Jawel, want je kunt de film een paar keer kijken.

> Bon, tu as raison. C'est avantageux.

> Ik heb altijd gelijk!

> Mais pas toujours.

> Jawel, altijd. Dus wat ga je doen vanavond?

> Tu sais ce que je vais faire ce soir.

> Ja, maar nu dat je weet dat een dvd goedkoper is.

> Je vais quand même au cinéma. L'écran est mille fois plus grand qu'un écran de télé.

> Duizend keer groter, misschien niet, maar inderdaad veel groter.

30. Dezelfde smaken / Les mêmes goûts

En hoe was de film gisteren?

Le film d'hier était super !

Wat is de titel van de film?

Le titre du film, c'est 'Zéro absolu'.

'Absoluut nulpunt'?

Oui, c'est un film d'aventure.

Interessant. Ik hou van avonturenfilms.

C'est l'histoire d'une expédition au pôle nord.

IJskoud is het verhaal van een Noordpoolexpeditie!

> J'aime aussi les films de science-fiction et les films d'action.

> Ik ook. Ik houd van avonturen-, sciencefiction-, actiefilm, maar ook van comedy.

> Oui, bien sûr, j'aime aussi les comédies.

> En welk soort films vind je niet leuk.

> Je déteste les films romantiques.

> Ik heb ook een hekel aan romantische films.

> Ce sont des films pour les filles.

> Precies, meisjesfilms.

> Et quelles séries aimes-tu à la télévision ?

< Op televisie, vind ik politieseries leuk.

> J'aime aussi les séries policières, ou avec des détectives.

< Ja, natuurlijk, ook met detectives. Sherlock Holmes, bijvoorbeeld.

> Oui, j'aime beaucoup. Ou par exemple Maigret.

< Wij hebben dezelfde smaak.

> Oui, nous avons les mêmes goûts.

< Op televisie vind ik sport ook leuk.

> Pas moi.

> Nee? Vind je sport op tv niet leuk?

> Non, je n'aime pas regarder le sport à la télévision.

> Ook niet een voetbalwedstrijd?

> Surtout pas un match de foot.

> Zelfs geen Wereldkampioenschap?

> Coupe du monde ou non, je n'aime pas le sport à la télévision. Je te l'ai déjà dit.

> Ja, je hebt het al verteld. Toch vind ik het ongelofelijk!

> Incroyable ou pas, nous n'avons pas exactement les mêmes goûts.

> Ja, inderdaad, niet helemaal dezelfde smaak.

31. Raadsels / Devinettes

> Jeroen, tu aimes les devinettes ?

> Ja. Ik hou van raadsels.

> Alors, j'en ai une.

> Wat heb je?

> J'ai une devinette.

> Ah, een raadsel. Goed. Vertel.

> C'est mou quand c'est chaud…

> Het is zacht als het warm is …

> C'est dur quand c'est froid…

- Het is hard als het koud is …
- Oui. C'est blanc ou marron...
- Het is wit of bruin …
- … ou noir.
- … of zwart.
- Qu'est-ce que c'est ?
- Wat is dat? Ik weet het niet.
- Tu ne sais pas ?
- Nee. Geef me maar een hint.
- Je te donne un indice : ça se mange.

> Je kunt het eten?

>> Oui. Alors ?

> Ik weet het: chocola.

>> Oui, du chocolat.

> Een goed, maar serieus raadsel.

>> Oui, moi, je suis sérieux. Et toi, tu connais une devinette ?

> Of ik een raadsel ken? Wacht even …

>> Oui, j'attends.

> Ik kan geen raadsel bedenken.

>> Dommage.

> Jammer voor vandaag, maar morgen heb ik een raadsel gevonden.

> A demain alors.

> Ja, tot morgen.

32. Vertel / Raconte

> Alors, tu as trouvé une devinette ?

> Ja, ik heb een raadsel gevonden.

> Raconte. Vite ! Vite !

> Rustig. Ik vertel. Wacht even!

> J'attends.

> Goed, dus: Ik heb een bril, maar …

> J'ai des lunettes, mais…

> … ik kan mezelf niet zien. Wie ben ik?

> … mais je ne peux pas me voir. Qui suis-je ?

- Heb je een idee? Ja? Nee?
- Non, je n'ai pas d'idée. C'est quoi ?
- Een neus.
- Le nez ! Ah oui, naturellement !
- Ja, natuurlijk! Grappig?
- C'est un peu drôle.
- Een beetje?
- D'accord. C'est drôle.
- Ja, grappig hè. En weet je wat?
- Non, je ne sais pas. Qu'est-ce qu'il y a ?

> Ik heb nog een tweede raadsel.

> Une deuxième devinette ! Raconte.

> Ik vertel het: er zijn twee vaders en twee zonen.

> Il y a deux pères et deux fils.

> Ze willen in een hotelkamer slapen.

> Ils veulent dormir dans une chambre d'hôtel.

> Ja, maar er zijn maar drie bedden.

> Mais il n'y a que trois lits.

> Is dat een probleem?

> Non, ce n'est pas un problème.

> Weet je het antwoord al?

> Oui, je connais la réponse.

> Vertel.

> En fait, il y a seulement trois personnes.

> Drie personen. Goed, ga door.

> Bien. Je continue. Une personne est grand-père…

> Eén persoon is opa. Heel goed.

> Très bien. Une autre personne est le petit-fils.

> Een kleinzoon. Ook goed. En de derde persoon?

> La troisième personne est fils et père. C'est clair ?

> Ja, het is duidelijk. Ik hou niet van raadsels.

33. De bus / Le bus

> Ma sœur m'a raconté ce matin une devinette.

> Houdt je zus ook al van raadsels?

> Oui, elle aime beaucoup les devinettes. Mon frère et mes parents aussi.

> Je broer en je ouders ook? Dus het hele gezin.

> Oui, toute la famille. Tu veux que je te raconte la devinette de ma sœur ?

> Ja, vertel me het raadsel van je zus.

> Alors... Tu conduis un bus.

> Ik bestuur een bus. En?

> Dans le bus, il y a dix personnes.

> Er zitten tien personen in de bus. En verder?

> Le bus va à Paris.

> De bus gaat naar Parijs.

> Oui, et à Paris, dix-sept personnes montent dans le bus.

> In Parijs stappen zeventien personen in. En verder?

> Oui, après le bus va à Amsterdam.

> Daarna gaat de bus naar Amsterdam.

> A Amsterdam, treize personnes descendent du bus et neuf personnes montent dans le bus.

> In Amsterdam stappen dertien personen uit en negen stappen er in.

> Ensuite, le bus va à Berlin.

> Vervolgens gaat de bus naar Berlijn. Het is een lang raadsel zeg.

> Oui, c'est un peu long. A Berlin, seize personnes descendent et dix-huit personnes montent dans le bus.

> In Berlijn stappen er zestien uit, en achttien in.

> Comment s'appelle le chauffeur du bus ?

> Hoe wil je dat ik weet hoe de buschauffeur heet? Dat is onmogelijk.

> Non, ce n'est pas impossible.

> Ik weet het niet.

> Je recommence…

> Nee, alsjeblieft. Niet opnieuw beginnen.

> Tu conduis un bus.

> Oké. Ik bestuur de bus.

> Tu ne comprends pas ?

> Jawel, ik begrijp het nu. De buschauffeur heet Jeroen.

> C'est drôle !

> Nee, het is niet grappig.

34. De grootouders / Les grands-parents

> Qu'est-ce que tu fais ce week-end ?

> Wat ik dit weekend doe? Even denken …

> Samedi ?

> Zaterdag doe ik niets.

> Rien. Parfois, c'est bien, de ne rien faire.

> Ja, soms vind ik het inderdaad leuk om niets te doen.

> Oui, faire la grasse-matinée…

> Ja, uitslapen is m'n favoriete hobby.

> Moi aussi, j'aime faire la grasse-matinée, mais mes parents me réveillent

> Wat bedoel je met te vroeg? Hoe laat maken je ouders je dan wakker?

> Le week-end, à dix heures.

> Tien uur? Veel te vroeg!

> Oui, c'est trop tôt. Et dimanche, qu'est-ce que tu fais ?

> Zondag gaan we naar mijn opa en oma.

> Vous allez chez tes grands-parents. Du côté de ton père ou du côté de ta mère ?

> Moederskant.

— Tu as encore tes quatre grands-parents ?

— Nee, ik heb nu nog drie grootouders : mijn grootouders van moederskant en …

— Et du côté de ton père ?

— Van vaderskant heb ik nog een oma.

— Une grand-mère.

— Ja, en ik heb de vader van mijn vader nooit gekend.

— Jamais connu ton grand-père ! Dommage.

— Ja, jammer. En jij, hoe zit het met jouw grootouders?

— Moi, je n'ai plus que des grands-mères.

— Alleen oma's?

— Oui.

— Heb je je opa's wel gekend?

— Oui, j'ai connu mes deux grands-pères. Mais maintenant ils sont morts tous les deux.

— Alle twee overleden. Dat is droevig.

— Oui, c'est triste, mais c'est la vie !

— Ja, het is het leven.

— Et la vie n'est pas toujours joyeuse.

— Ja, het leven is niet altijd vrolijk.

35. Verloren / Perdu

> Ça va ?

> Nee, het gaat niet.

> Pourquoi ça ne va pas ?

> Ik ben iets kwijt.

> Qu'est-ce que tu as perdu ?

> Wat ik kwijt ben? Raad maar!

> Deviner… Ton téléphone portable ?

> Nee, niet mijn mobiel, anders zou ik je geen app kunnen sturen.

> Evidemment, autrement tu ne pourrais pas recevoir mes messages en ce moment.

> Weet je nog niet wat ik kwijt ben?

> Je ne sais pas encore, mais…

> Nog niet, maar … Dat kan lang duren!

> Oui, ça peut durer longtemps, mais on a le temps.

> Ik heb geen tijd.

> Tu es pressé ?

> Nee, ik heb geen haast.

> Si tu n'es pas pressé, tu as le temps…

> Juist niet.

> Comment ça justement non ?

> Raad je het niet, nu?

> Tu as perdu du temps ?

> Nee, ik heb geen tijd verloren.

> Je ne comprends pas alors.

> Ik heb dé tijd verloren.

> Tu as perdu le temps ! Ah, je comprends…

> Dat werd tijd.

> Tu as perdu ta montre.

> Ja, ik ben mijn horloge kwijt.

> Tu as encore une montre ?

— Ja, ik had nog een horloge.

— Mais maintenant les jeunes n'ont plus de montre. Ils utilisent leur téléphone portable pour savoir l'heure.

— Ik weet dat jongeren tegenwoordig geen horloge meer hebben en dat ze hun mobiel gebruiken om te zien hoe laat het is. Maar…

— Mais ?

— Ik vind het toch heel handig om een horloge te hebben.

— C'est vrai que c'est pratique d'avoir une montre.

36. Gevonden voorwerp / Objet trouvé

> Tu l'as retrouvée ?

> Wat moest ik terugvinden?

> Ta montre !

> Oh, mijn horloge.

> Evidemment ta montre !

> Ja, natuurlijk …

> Tu ne l'as pas retrouvée ?

> Jawel, ik heb het teruggevonden.

> Elle était où ?

> Het zat … in mijn broekzak.

> Dans la poche de ton pantalon !

> Ja, ik weet het. Het is een beetje stom!

> Ah oui, c'est un peu bête. Tu n'as jamais les mains dans les poches de ton pantalon.

> Jawel, ik heb altijd mijn handen in mijn broekzakken.

> Explique un peu alors. Seulement si ce n'est pas compliqué.

> De uitleg is niet ingewikkeld.

> Si c'est simple, raconte.

> Het is heel simpel. Je weet dat ik hockey.

— Oui, du hockey sur gazon.

— Ja. Op dinsdag heb ik mijn training meteen na school.

— Juste après l'école. Tu es allé de l'école au club de hockey.

— Ja, van school naar de hockeyclub met mijn sportuitrusting.

— Avec ton équipement de hockey ! Ce n'est pas trop lourd ?

— Nee, het is helemaal niet zwaar. Dus ik ging me op de club omkleden.

— Je comprends. Tu te changes au club et tu mets ta montre dans la poche de ton pantalon.

> Je begrijpt het helemaal. Mijn horloge zat nog steeds in mijn broekzak toen ik naar huis ging.

> Et à la maison, tu n'as pas besoin de montre.

> Thuis heb ik inderdaad geen horloge nodig.

> Parce que ta mère te dit : à table !

> Ja mijn moeder roept me inderdaad als we kunnen eten. Mijn moeder zegt ook: 'je moet naar bed'.

> 'Tu dois aller au lit'. C'est pareil pour moi. Les mères sont toutes les mêmes !

> Ja, moeders zijn allemaal hetzelfde …

37. Rechtstreeks / En direct

> Hoi Paul!

> Salut Jeroen !

> Hoe gaat het?

> Ça va…

> Weet je het zeker?

> Oui.

> Je zegt niet veel!

> Non.

> Maar wat is er dan?

> Je regarde par la fenêtre.

> Je kijkt door het raam! Maar wat is er buiten te zien?

> Dehors, il y a un homme.

> Een man. Dat is normaal.

> Non, ce n'est pas normal.

> Waarom is het niet normaal?

> Parce qu'il est là depuis dix minutes.

> Hij staat al tien minuten op de stoep?

> Oui, sur le trottoir. Il attend quelque chose.

> Hij wacht op de bus bij de bushalte.

> Mais il n'y a pas d'arrêt de bus.

> Hij wacht op een taxi.

> Il ne regarde pas les voitures.

> Als hij niet naar de auto's kijkt, waar kijkt hij dan wel naar?

> Il regarde les fenêtres de mon immeuble.

> De ramen van je flat. Jouw raam?

> Oui, ma fenêtre. Oh !

> Wat is er?

> Il fait signe de la main.

> Hij zwaait naar je?

> Oui, dans ma direction.

> Ken je hem niet?

> Non, je ne le connais pas.

> Een beetje eng!

> Oui, c'est inquiétant.

> Misschien moet je de politie bellen.

> Appeler la police ? Peut-être. Oh !

> Wat?

> Une petite fille va vers l'homme.

> Een klein meisje gaat naar de man toe?

> Ah, je comprends maintenant !

Wat begrijp je nu?

Je connais la fille. C'est la copine de ma sœur Dominique.

Het is het vriendinnetje van je zusje. En de man is haar vader.

Oui, c'est son père. Elles ont joué chez nous toute l'après-midi.

Ze hebben de hele middag bij jullie gespeeld! Nu snap ik het ook!

38. Later / Plus tard

> Wat wil je later doen?

> Qu'est-ce que je veux faire plus tard ?

> Ja, wat voor beroep?

> Quel métier ? Oh c'est difficile !

> Is het een moeilijk beroep?

> Non, ce n'est pas le métier qui est difficile.

> Wat is dan moeilijk?

> Avoir une idée du métier que je veux faire. Ça, c'est difficile.

> Dus je hebt geen enkel idee?

> Non, je n'ai aucune idée. Et toi ?

> Ik weet precies wat ik later wil worden?

> Et qu'est-ce que tu veux devenir précisément ?

> Ik wil arts worden.

> Ah, médecin, c'est un beau métier.

> Ja, een mooi beroep.

> Mais les études sont longues.

> Inderdaad, de studie duurt heel lang.

> Moi, je ne veux pas étudier trop

> Maar wat wil jij studeren?

> Je ne sais pas ce que je veux étudier.

> Dus geen idee voor je beroep en ook geen idee voor je studie.

> Non, pas d'idée pour mon métier, pas d'idée pour mes études.

> Wat vind je leuk?

> Je ne sais pas.

> Je weet het niet! Ik geloof je niet.

> Tu ne me crois pas ! Mais c'est vrai.

> Nee, het is niet waar. Wat vind je leuk naast school?

> A côté de l'école… j'aime jouer aux jeux vidéo…

> Je houdt van gamen…

> J'aime surfer sur internet.

> Je surft graag op internet…

> J'aime aussi tester les nouvelles applications gratuites sur mon téléphone portable.

> En je vindt het leuk om gratis apps op je mobiel te testen.

> Oui, j'aime ça.

> Je houdt ervan. Dus…

> Donc ?

> Dus ik weet wat je later kan worden.

> Et qu'est-ce que je peux devenir plus tard ?

> Je kunt apps-ontwerper worden.

> Créateur d'applications. Ah oui ! Bonne idée.

39. Léa en Léo / Léa et Léo

> Eh, Paul, mijn zus wil graag je broer zien.

> Ta soeur Léa veut voir mon frère Léo !

> Ja. Ze is vijftien en je broer is zestien. Bijna dezelfde leeftijd. Dus …

> Ils ont presque le même âge. Donc quoi ?

> Je begrijpt het wel.

> D'accord, je comprends…

> Heb je dus een foto van je broer op je mobiel?

> Non, je n'ai pas de photo de mon frère dans mon téléphone portable.

> Ga even een foto maken.

> Je ne peux pas prendre une photo de Léo.

> En waarom niet?

> Parce qu'il n'est pas là.

> Hij is niet thuis?

> Non, il n'est pas à la maison. Il est à la piscine.

> Naar het zwembad! En jij niet?

> Non, je n'avais pas envie d'aller nager.

> Geen zin om te zwemmen. Bang voor water?

> Mais non ! Je n'ai pas peur de l'eau.

> Als je geen foto van je broer hebt, kun je hem dan beschrijven?

> Je peux le décrire. Léo est grand.

> Hoe groot?

> Un mètre quatre-vingt.

> 1,80 meter. Oké. Haar?

> Il a des cheveux bruns.

> Bruin haar. Donkerbruin?

> Non, pas brun foncé, mais brun clair.

> Lichtbruin. Oké. Ogen?

> Il a les yeux verts.

> Groene ogen.

> Voilà, un grand brun aux yeux verts.

> Is hij dun, dik?

> Il n'est pas mince, pas gros. Il est normal.

> Normaal! Wacht even, mijn zus wil iets weten.

> Qu'est-ce que ta sœur veut savoir ?

> Ze wil weten of hij een grote neus heeft.

> Un grand nez ?

> Ja. Een grote neus.

> Tu peux dire à ta sœur qu'il a un nez très long et de grandes oreilles, comme un éléphant.

> Oké, ik zal het tegen mijn zus zeggen: een lange neus en grote oren, zoals een olifant.

40. Schooltijden / Horaires d'école

> Hoe laat begin je op school?

> Je commence l'école à huit heures et demie. Et toi ?

> Ik begin ook om half negen.

> C'est toujours trop tôt !

> Ja, altijd te vroeg.

> Et tu finis l'école à quelle heure ?

> Ik ben klaar om half vier.

> A trois heures et demie !

> Ja. Jij niet?

> Non, pas moi. Je finis l'école à cinq heures.

> Vijf uur! Dat is toch niet

> Si, c'est possible. Malheureusement !

> Inderdaad jammer! Heb je meer lessen dan ik?

> Je ne sais pas si j'ai plus de cours que toi.

> Ik heb per dag drie pauzes.

> J'ai aussi trois pauses par jour.

> De eerste en de derde zijn kleine pauzes.

> Moi aussi, la première et la troisième pause sont de petites pauses.

— Ze duren vijftien minuten.

— Elles durent aussi chacune quinze minutes.

— En de grote pauze, voor de lunch, duurt een halfuur.

— Seulement une demi-heure pour la pause déjeuner ?

— Ja, een halfuur.

— Une grande pause, ça !

— Ja. Waarom?

— Parce que notre pause pour le déjeuner dure une heure et demie.

— Jullie lunchpauze duurt anderhalf uur!

— C'est vrai que c'est un peu long.

— Het is niet een beetje lang. Het is heel lang!

— Très long ?

— Erg lang! Als je een halfuur voor de tweede pauze had, zou je om 4 uur na huis kunnen.

— Mais c'est vrai. Si j'avais pour la deuxième pause seulement une demi-heure, je pourrais rentrer à la maison à quatre heures.

41. Projecten / Projets

- Heb je een project?
- Un projet ?
- Ja, iets dat je graag wil doen?
- Quelque chose que je voudrais faire ? Un métier ?
- Nee, geen beroep. Iets voor dit jaar.
- Quelque chose pour cette année… Je ne sais pas.
- Je weet het niet! Jammer!
- Pourquoi c'est dommage ?
- Als je een project hebt, dan heb je een doel.

> Mais j'ai un but pour cette année.

< Aha! Wat is je doel?

> Mon but, c'est d'avoir des bonnes notes à l'école.

< Goede cijfers op school! Alle scholieren hebben dat doel!

> Oui, bien sûr, tous les élèves ont ce but.

< Maar dat is geen leuk project.

> Et toi, tu as un projet sympa ?

< Ja, ik heb een leuk doel.

> C'est quoi ton projet sympa ?

> Ik wil zeilen.

> Tu veux faire de la voile. Quand ?

> Wanneer? In de zomer.

> Tu veux faire un camp de voile cet été.

> Niet een zomerkamp. Nee, ik wil een zeilboot huren.

> Tu veux louer un bateau pour toi tout seul ?

> Niet voor mij alleen. Met twee neven.

— Avec deux cousins. Ça, c'est très sympa.

— Ja, dat is erg leuk. Wij willen een boot huren voor een week.

— Une semaine ! Et où voulez-vous faire de la voile ?

— Wij willen in Friesland zeilen.

— En Frise ! On peut faire de la voile en Frise ?

— Jazeker. Daar zijn heel veel meren.

— Plein de lacs ! Je ne savais pas ça.

— Je kunt niet alles weten.

> Et comment allez-vous louer le bateau ?

> Om de boot te kunnen huren, moeten wij werken.

> Et qu'est-ce que tu fais, toi, comme travail.

> Ik was auto's in mijn wijk.

> Et quand tu laves des voitures dans ton quartier, tu gagnes beaucoup d'argent ?

> Nee, ik verdien er niet veel geld mee. Helaas! Ik moet dus nog heel veel auto's wassen.

42. Vakantie in Bretagne / Vacances en Bretagne

> Ken je Bretagne?

> Oui, je connais la Bretagne. Et toi ?

> Ik ken Bretagne ook een beetje.

> Je vais tous les ans en vacances en Bretagne.

> Ik ga niet elk jaar op vakantie naar Bretagne, maar ik ben er afgelopen jaar wel geweest.

> L'année dernière tu y as été ! Où ?

> We zaten in zuid-Bretagne.

> Dans le sud de la Bretagne… Mais le sud de la Bretagne, c'est grand !

> Ja, klopt, het is groot. In de Golf du Morbillan.

> Le Golf du Morbillan, je connais bien.

> Ken je het daar goed?

> Oui, c'est là que je vais en vacances.

> Ga je daar op vakantie?

> Oui. Tu es allé où précisément ?

> Om precies te zijn: in Saint-Gildas de Rhuis.

- Non, ce n'est pas possible !
- Waarom is dat niet mogelijk?
- Je veux dire : c'est incroyable !
- Je bedoelt: ongelooflijk! Ik begrijp het niet.
- Tu ne comprends pas: tu es allé à Saint-Gildas, et c'est là que je vais en vacances tous les étés.
- Ga je elke zomer naar Saint-Gildas?
- Oui. Quand étais-tu à Saint-Gildas l'été dernier ?
- Ik was daar de twee laatste weken van juli.

> Les deux dernières semaines de juillet ! Moi, j'étais à Saint-Gildas à partir de la dernière semaine de juillet jusqu'à mi-août.

> Van de laatste week van juli tot half augustus! Maar dan waren we er tegelijkertijd.

> Oui, la dernière semaine de juillet, nous étions tous les deux à Saint- Gildas. C'est

> Ja, best grappig.

> Tu étais au camping ou dans une maison de vacances ?

> Ik stond op de camping. En jij?

> Moi, j'étais dans une maison de vacances.

> Jammer dat ik je toen nog niet kende.

> Oui dommage ! Je ne te connaissais pas non plus.

43. De twee Dominiques / Les deux Dominique

> Weet je wat Dominique heeft gedaan?

> Tu parles de ton frère ou de ma sœur ?

> Ik heb het niet over je zus, maar over mijn broer.

> Qu'est-ce que ton frère a fait ?

> Je weet hoe oud hij is?

> Oui, je sais quel âge il a. Il a dix ans.

> Ja, hij is tien. Hij speelt nog met autootjes.

> A dix ans, tu peux encore jouer avec des petites voitures.

> Nu heeft hij in de auto van mijn ouders gespeeld.

> Il a joué dans la voiture de tes parents ! Ce n'est pas très grave.

> Ja, dat is wel erg, heel erg zelfs.

> Et pourquoi c'est très grave ?

> Omdat hij de sleutel van de auto had.

> C'est normal. Pour jouer dans la voiture, il faut les clés pour l'ouvrir.

> Ja, maar hij heeft ook iets anders met de sleutel gedaan.

> Qu'est-ce qu'il a fait d'autre ?

> Hij heeft de auto gestart.

> Il a démarré la voiture !

> Ja. En dat is heel gevaarlijk.

> Ça, c'est certain. C'est très dangereux.

> Gelukkig was mijn vader op tijd.

> Ton père est arrivé à temps pour éviter un accident.

> Ja, om een ongeluk te voorkomen.

> Ton frère a maintenant une punition ?

> Natuurlijk heeft hij straf gekregen.

> Quelle est la punition ?

> Voor straf moet hij een jaar lang de auto wassen.

> Ah, c'est drôle : laver la voiture pendant un an. Ton père a de l'humour.

> Ja, mijn vader heeft humor.

> Et tu sais ce que ma sœur Dominique a fait ?

> Wat heeft je zus Dominique gedaan?

> Sa poupée était mouillée.

> Haar pop was nat. In het bad gevallen?

> Oui, la poupée était tombée dans le bain.

> En toen?

> Alors, pour faire sécher la poupée, elle l'a mise dans le micro-ondes.

> De pop in de magnetron! Dat is rampzalig.

> Oui, une catastrophe. La poupée, c'est maintenant un monstre.

> Ja, dat geloof ik, dat het nu een monster is.

44. Klussen / Bricolage

> Wat ga je doen vandaag?

> Qu'est-ce que je vais faire aujourd'hui ? Oh, je vais réparer le grille-pain.

> Wat ga je repareren?

> Le grille-pain.

> De broodrooster? Dat is toch hartstikke moeilijk!

> Non, ce n'est pas difficile. Mais il ne faut pas se tromper avec les fils électriques.

> Jazeker. Als je je vergist met de elektrische bedrading, heb je later een serieus probleem.

> Oui, plus tard, tu risques une explosion.

> Je riskeert niet alleen een ontploffing, maar ook brand.

> Oui, aussi le feu. Mais ne t'inquiète pas.

> Oké, ik maak me geen zorgen.

> Et toi, qu'est-ce que tu vas faire aujourd'hui ?

> Ik ga vandaag ook klussen.

> Qu'est-ce que tu vas bricoler ?

> Ik moet mijn fiets repareren.

> Pourquoi dois-tu réparer ton vélo ?

> De ketting loopt aan.

> La chaine ne marche plus très bien. Mais tu ne peux plus faire de vélo.

> Jawel, ik kan nog fietsen, maar het maakt te veel lawaai.

> Si ton vélo fait du bruit, ce n'est plus un vélo. mais une moto.

> Mijn fiets is niet echt een motor. En ik heb ook een lekke band.

> J'ai horreur des pneus crevés.

> Ik heb ook een hekel aan lekke banden. Vooral omdat ik mijn fiets elke dag gebruik.

> Moi, je n'utilise pas mon vélo chaque jour, mais je n'aime pas les pneus crevés.

> Hoe vaak gebruik je je fiets?

> Euh… J'utilise mon vélo…une fois par mois.

> Een keer per maand!

> Et en hiver, jamais.

> Nooit in de winter? Ga je te voet naar school?

> Oui, je vais à l'école à pied.

45. Kleding / Vêtements

> Cet après-midi, ça va être ennuyeux !

> Waarom wordt het saai vanmiddag?

> Parce que je dois acheter des vêtements.

> Kleren kopen is toch leuk .

> Non, je n'aime pas acheter des vêtements.

> Ik hou van kleren kopen.

> Avec ta mère ?

> Nee, niet met mijn moeder. Ik koop mijn kleren alleen.

— Tu peux acheter déjà tes vêtements tout seul ?

— Ja, sinds kort. Dus jij koopt je kleren met je moeder?

— Oui, j'achète mes vêtements avec ma mère.

— Is het makkelijk met je moeder?

— Oh, oui, ça va. On a les mêmes goûts.

— Als jullie dezelfde smaak hebben, wat is dan het probleem?

— Le problème, c'est que je n'aime pas acheter des vêtements.

— Maar waarom hou je niet van kleren kopen?

> J'ai horreur de passer du temps dans les magasins.

> Heb je daar een hekel aan? Ik vind het juist leuk.

> Pas moi.

> Jij niet … Oké. Wat ga je kopen vanmiddag.

> Cet après-midi, je dois acheter des chemises.

> Overhemden? Ik heb geen een overhemd.

> Tu n'as pas de chemises ?

> Nee, ik heb alleen T-shirts.

> Oh ! J'ai des t-shirts, mais c'est pour le sport.

> Alleen om in te sporten? Oh. En wat ga je nog meer kopen?

> Je vais acheter un pantalon.

> Een broek. Een spijkerbroek hoop ik.

> Oui, un jean. Et je dois aussi acheter de nouvelles chaussures.

> Ook nieuwe schoenen. Sportschoenen?

> Non, pas des chaussures de sport, des chaussures

> Ik heb alleen sportschoenen. Dat is voor mij normaal.

> Donc tu portes des t-shirts, des jeans et des chaussures de sport !

> Ja, En jij draagt alleen overhemden, spijkerbroeken en klassieke schoenen.

> Oui, nous n'avons pas le même style.

> Inderdaad, wij hebben niet dezelfde stijl.

> Vive la différence !

> Lang leve de verschillen!

46. Altijd te veel huiswerk / Toujours trop de devoirs

> Salut Jeroen. J'ai une question.

> Dag Paul. Wat is je vraag?

> Est-ce que tu as beaucoup de devoirs ?

> Ja, ik heb veel huiswerk, en nee ik heb niet veel huiswerk.

> Oui ou non ?

> De docenten geven ons veel huiswerk.

> Les profs vous donnent beaucoup de devoirs. mais…

> Maar als je goed werkt, kun je je huiswerk in de les doen.

> Tu peux faire tes devoirs pendant les cours si tu travailles bien !

> Ja.

> Ça, c'est bien.

> En jij? Heb jij veel huiswerk?

> Oui, j'ai beaucoup de devoirs.

> En je kunt je huiswerk zeker niet tijdens de les doen

> Non, nous ne pouvons pas faire nos devoirs pendant les cours.

> Dat is jammer.

> Oui, c'est dommage. Mais alors, tu n'as jamais de devoirs à la maison.

> Jawel, ik heb ook wel huiswerk dat ik thuis moet doen.

> Je ne comprends pas.

> Begrijp je het niet? Ik zal het je uitleggen.

> Oui, explique-moi.

> De opdrachten doe ik op school.

> Donc les exercices des devoirs, tu les fais à l'école.

> Ja. En het leerwerk, dat doe ik thuis.

> Et pour apprendre, tu le fais à la maison. Quoi par exemple ?

> Bijvoorbeeld woordjes leren.

> Apprendre du vocabulaire. D'accord. Et aussi par exemple, un chapitre d'histoire pour un test.

> Ja, ook een hoofdstuk geschiedenis voor een toets leer ik thuis.

> Moi, je dois faire tout à la maison. C'est beaucoup trop.

> Als het veel te veel is, moet je bij mij op school komen.

> Elève de ton école ? Pourquoi pas !

47. Streng en aardig / Sévère et sympathique

> Hé Paul, zijn jouw docenten aardig?

>> J'ai des profs sympas, mais j'ai aussi des profs sévères.

> Aha, je hebt ook strenge docenten.

>> Oui, mais j'ai aussi des profs sympas et sévères.

> Oh, streng en aardig tegelijk? Hoe kan dat?

>> Comment c'est possible ?

> Ja, hoe is dat mogelijk?

>> Le prof est gentil…

> Oké, de docent is aardig.

> Mais il demande beaucoup de choses.

> Maar hij vraagt veel. Wat dan?

> Beaucoup de travail.

> Veel werk!

> Il demande des choses difficiles.

> Hij vraagt ook moeilijke dingen.

> Oui. Mais avec lui, on travaille bien.

> Met wie werken jullie goed?

> Avec mon prof de maths.

> De wiskundeleraar! Dat verbaast me niet.

> Oui, ce n'est pas étonnant. Mon prof d'anglais est aussi comme ça.

> Ook je docent Engels is streng en aardig.

> Oui. Et toi, tu as des profs sévères et sympathiques ?

> Nee, ik heb geen docenten die streng en aardig zijn.

> Tu as des profs sévères ?

> Ja. Te veel!

> Beaucoup trop !

> De helft.

> La moitié. Sévères, et pas sympathiques.

> Ja. Gelukkig heb ik ook aardige docenten.

> Heureusement. Qui sont tes profs sympas

> De docent Frans.

> Naturellement !

> Ja, natuurlijk. Ook de geschiedenis-lerares.

> Aussi la prof d'histoire.

> Ze kan heel goed verhalen vertellen.

> Oui, bien raconter des histoires, c'est important pour un prof d'histoires…

> Wat zeg je?

> Je dis : un bon prof d'histoire doit savoir raconter des histoires.

> Twee keer het woord 'histoire'?

> Oui deux fois le mot 'histoire'. Histoire pour 'geschiedenis' et histoire pour 'verhaal'.

48. Drukke week / Semaine chargée

> Demain, j'ai une semaine chargée.

> Heb je morgen een drukke week?

> Lundi, école.

> Voor mij hetzelfde, altijd school op maandag.

> Et juste après l'école, leçon de piano.

> Meteen na school heb je pianoles. Geen tijd om te ontspannen?

> Non, pas le temps de se détendre. Mais le piano, pour moi, c'est de la détente, même une leçon de piano.

Zelfs een pianoles is ontspanning voor jou? Knap!

Le mardi après l'école, je n'ai rien.

Op dinsdag na school ga ik naar hockeytraining.

Tu t'entraines le mardi après l'école, mais aussi le jeudi…

Exact, ik heb hockeytraining op dinsdag en op donderdag na school.

Moi, j'ai mon entrainement de natation le mercredi après-midi

Als je woensdagmiddag gaat zwemmen, heb je dan geen school?

> Le mercredi après-midi, j'ai de l'école jusqu'à deux heures.

> Oh, je hebt op woensdag tot 2 uur school en daarna ga je zwemmen.

> Exactement. Et qu'est-ce que tu fais le vendredi après l'école ?

> Op vrijdag na school probeer ik mijn huiswerk af te maken. Want ik wil in het weekend geen huiswerk hoeven doen.

> C'est bien d'essayer de faire ses devoirs le vendredi après l'école. Moi, je ne peux pas.

> Waarom kun je dat niet?

> Parce que le vendredi, j'ai de l'école jusqu'à quatre heures et demie.

> School tot half vijf op vrijdag. Dat is niet menselijk!

> Non, ce n'est pas humain. Et après l'école, je n'ai plus envie de faire mes devoirs.

> Dat begrijp ik, dat je dan geen zin meer hebt in huiswerk.

> Nous avons tous les deux une semaine chargée.

> Ja, we hebben inderdaad alle twee een drukke week.

49. Herfstvakantie / Vacances d'automne

> Ik heb zo'n zin in vakantie!

> Moi aussi, j'ai envie de vacances.

> En ik heb goed nieuws.

> Tu as une bonne nouvelle ! Pour moi ?

> Niet echt voor jou. Maar wel voor mij.

> Ah, une bonne nouvelle pour toi. Quelle bonne nouvelle ?

> Nog twee dagen en dan heb ik vakantie.

> Encore deux jours et tu es en vacances. Tu as de la chance.

> Ja, ik heb geluk. En jij, heb jij binnenkort vakantie?

> Pas dans deux jours, dans deux semaines.

> Over twee weken. Dan moet je nog lang wachten.

> Oui, je dois encore attendre longtemps.

> Maar twee weken is beter dan twee maanden.

> Naturellement, deux semaines, c'est mieux que deux mois.

> En beter dan twee jaar.

> C'est mieux que deux ans… Jeroen, tu te moques de moi.

> Ik plaag je? Nee, helemaal niet.

> Pas du tout ? Bon… d'accord. Qu'est-ce que tu vas faire pendant tes vacances ?

> Ik weet nog niet wat ik tijdens mijn vakantie ga doen.

> Tu restes à la maison

> Ik blijf thuis. En jij?

> Je vais aller quelques jours chez mes cousins et mes cousines.

> Een paar dagen bij je neven en nichten. Leuk!

> Oui, c'est chouette.

> En wat gaan jullie samen doen?

> Ensemble, on ne fait rien.

> Niets?

> On discute, on regarde la télé…

> Kletsen, tv kijken, en wat nog meer?

> On fait la cuisine ensemble.

> Jullie gaan samen koken. Dat is wel leuk.

> Oui, c'est chouette, mais aussi c'est bon.

> Ja, leuk en lekker. En wat nog meer?

> Quoi d'autres ? On va à la piscine tous les jours.

> Jullie gaan elke dag naar het zwembad. Dat noem je niets doen!

50. Genoeg van school / Marre de l'école

> Oh, ik heb er genoeg van school!

> Tu en as marre de l'école ?

> Omdat ik elke ochtend om 7.00 uur moet opstaan.

> Je dois aussi me lever tous les matins à sept heures.

> Ook omdat ik school heb van maandag tot en met vrijdag.

> J'ai aussi de l'école du lundi au vendredi.

> En heb je er niet genoeg van school?

> Si, j'en ai marre aussi de l'école.

> Ah, jij ook.

> Oui, moi aussi.

> Wij hebben niet genoeg vakantie.

> Ça, c'est vrai. On n'a pas assez de vacances.

> Wij moeten te veel leren.

> Oui, on doit apprendre beaucoup trop.

> En wij zijn niet betaald.

> Exactement, on n'est pas payé.

> Dat is te veel.

> Oui, c'est trop. Mais…

> Maar wat?

> Pourquoi devrait-on être payé ?

> Waarom zouden wij betaald krijgen?

> Oui, on ne produit rien.

> Natuurlijk produceren wij iets.

> Qu'est-ce qu'on produit ?

> Wij produceren toekomst.

> On produit de l'avenir. Je ne comprends pas.

> Begrijp je het niet? Wij zijn de toekomst.

> Oui, c'est vrai, on est l'avenir, mais…

> En dat is waardevol.

> Oui, ça a de la valeur. Qu'est-ce que tu proposes ?

> Wat ik voorstel… Eh…

> Quoi ?

> Wat? Ik weet het niet…

> Tu ne sais pas.

> En jij?

> Moi, je sais.

> Je weet het. Wat dan?

> On va faire la grève.

> Wij gaan staken?

> Oui.

> Ja, maar dan, dat is spijbelen.

> C'est vrai, c'est faire l'école buissonnière…

> Maar dat kan ik niet.

> Peut-être, mais ça fait rêver !

> Ja, erover dromen kan altijd!

De 50 tweetalige gesprekjes

1. Dag / Bonjour
2. Broer en zus / Frère et soeur
3. Sport / Sport
4. Hou je van school? / Tu aimes l'école ?
5. Waar woon je? / Tu habites où ?
6. Geen computer! / Pas d'ordinateur !
7. Welke kleur? / Quelle couleur ?
8. Mijn ouders / Mes parents
9. Wat doet je vader? / Qu'est-ce que fait ton père ?
10. Een mooi beroep / Un beau métier
11. Ze zijn vervelend / Ils sont embêtants
12. Honden en katten / Chiens et chats
13. Een goede sfeer / Une bonne ambiance
14. Wandelingen / Promenades
15. Muziekinstrument / Instrument de musique
16. Verjaardag / Anniversaire
17. Pannenkoeken / Les crêpes
18. Voetbal / Football
19. Veel huiswerk / Beaucoup de devoirs
20. Een probleem / Un problème
21. Groen / Vert
22. Veel sterkte / Bon courage

23. Opgelucht / Soulagé
24. Muziek / Musique
25. Dag na een feest / Lendemain de fête
26. Ik ben verliefd / Je suis amoureux
27. Nog erger / Encore plus grave
28. Niets / Rien
29. Vanavond / Ce soir
30. Dezelfde smaken / Les mêmes goûts
31. Raadsels / Devinettes
32. Vertel / Raconte
33. De bus / Le bus
34. De grootouders / Les grands-parents
35. Verloren / Perdu
36. Gevonden voorwerp / Objet trouvé
37. Rechtstreeks / En direct
38. Later / Plus tard
39. Léa en Léo / Léa et Léo
40. Schooltijden / Horaires d'école
41. Projecten / Projets
42. Vakantie in Bretagne / Vacances en Bretagne
43. De twee Dominiques / Les deux Dominique
44. Klussen / Bricolage
45. Kleding / Vêtements
46. Altijd te veel huiswerk / Toujours trop de devoirs

47. Streng en aardig / Sévère et sympathique

48. Drukke week / Semaine chargée

49. Herfstvakantie / Vacances d'automne

50. Genoeg van school / Marre de l'école

Wil je nog meer Frans leren ?
Ga op de site van Le Français illustré,
voor video's and games…
https://lefrancaisillustre.com

Vond je dit boek leuk!

Het zou geweldig zijn

als je een recensie zou kunnen achterlaten

op Amazon

(met sterren)

Dit zou aanzienlijk helpen om het boek

bekend te maken.

Merci beaucoup ☺
et au revoir !
Jérôme Paul

Basis Frans Effectief Leren

Een taal is niets zonder woorden. Het leren van woorden is dus noodzakelijk, maar dat is niet genoeg. Want zonder herhaling, ga je snel vergeten wat je geleerd hebt.

De kracht van dit boek is een slimme herhalingsmethode, dankzij 16 teksten uitsluitend geschreven met de meeste 500 frequente woorden.

123 zinspuzzels in het Frans

Test je Frans taalgevoel

Heb je gevoel
voor de Franse zinsbouw?

Wat is volgens jou de juiste
woordvolgorde
voor een goede Franse zin?

Test jezelf door 123 Franse zinnen te reconstrueren.

123 puzzels om aan je Frans te werken.

Zal het je lukken?
Ga al deze uitdagingen aan.

Werk spelenderwijs aan je Frans.
En tegelijkertijd verbeter je Frans met plezier.

Wees er trots op dat je goede Franse zinnen kunt maken.

Voor gevorderde beginners en halfgevorderden.

123 zinspuzzels in het Frans

Voorbeeld van de zinspuzzels

#10

Ik drink veel vruchtensap.

beaucoup de

bois

fruits.

Je   jus de

....

....

Je bois beaucoup de jus de fruits.

Voorbeeld van de zinspuzzels

#17

Ze houdt van groene salade.

....

....

Elle adore la salade verte.

Het doekboek voor de Franse woordenschat

Bouw actief je eigen Franse woordenschat op met de associatiemethode

Om Franse woordenschat te leren, heb je meestal boeken die je soms absurde en nutteloze lijsten opdringen, of blanco notitieboekjes waarin je nieuwe woorden opschrijft die je in een ander boek hebt gelezen (en uiteindelijk, na twee bladzijden gevuld te hebben, vergeet je je notitieboekje).

Wat dacht je van een tussenoplossing? Een oplossing die je zowel een beperkte als zeer nuttige lijst van Franse woorden biedt, en je tegelijkertijd in staat stelt de woorden op te schrijven die je echt nodig hebt?

Deze oplossing is het Doeboek voor de Franse woordenschat: hiermee kun je actief je eigen woordenschat samenstellen. Een nuttige en persoonlijke lijst die je minder moeite zal kosten om te onthouden, omdat deze voortkomt uit je eigen behoeften. Dankzij de associatie methode, ga je een onvergetelijke woordenschat creëren.

Het doekboek voor de Franse woordenschat

le lait
=
de melk

	je associatie	het Franse woord
1		
2		
3		
4		

Extra:

voorbeeld uit het doeboek

regarder
=
kijken

	je associatie	het Franse woord
1		
2		
3		
4		

Extra:

voorbeeld uit het doeboek

lourd
=
zwaar

je associatie	het Franse woord
1	
2	
3	
4	

Extra:

voorbeeld uit het doeboek

DAILY FRENCH QUIZ

TEXT YOUR BASIC FRENCH AND LEARN 100 QUESTIONS FOR CONVERSATIONAL SITUATIONS

with explanations
between a beginners and an intermediate level

From everyday questions, what are the answers you need to give in standard French, or sometimes, in reverse, what questions do you need to ask to get a useful answer?

It is not only 100 multiple choice questions, but also 100 explanations of grammar, lexical, cultural, communication or learning strategies, at A2 level (between a beginner and an intermediate level).

This book helps you to assess your knowledge of everyday French.
Take this challenge of 100 basic French questions and improve your French at the same time!
Refresh your French conversation skills!

DAILY FRENCH QUIZ

Printed in France by Amazon
Brétigny-sur-Orge, FR

18010845R00127